의자 위로 앉은 위로

윤미경

동화와 동시, 시를 쓰고 그림을 그립니다.
2013 황금펜 아동문학상
2014 무등일보 신춘문예 2015 푸른문학상
2016 한국아동문학인협회 우수동화상
2019년 MBC창작동화대상
2023년 시와경계 신인문학상
2024년 열린아동문학상을 수상했습니다.
그림책, 동화책, 동시집, 청소년소설등 다양한 장르로
폭넓게 작품활동을 하며 40여권의 책을 출간하였습니다.

의자 위로 앉은 위로

윤미경 시집

시인의 말

고양이의 영혼에 닿았을 때처럼
기뻤고
무거웠다

사력을 다해 무모했지만
도착점은 점점 멀어지다가
내 호흡으로는 영영
닿을 수 없다는 걸 깨달았다

그걸 깨닫는 순간
그냥
고양이가 되고 싶었다

2025년 6월
윤미경

1부
시간을 듣다

그랑드 자트 섬의 일요일 오후	··· 13
pm의 초대	··· 15
시간의 부동	··· 16
꽃들에게 희망을	··· 18
봄 문안	··· 19
Happy new year!	··· 20
외출	··· 22
숙취	··· 24
낙화	··· 25
민들레	··· 27
밤의 조도	··· 29
원고, 최후 진술하세요	··· 31
흑설	··· 32
갈치 조림	··· 34
거미줄	··· 36
길고양이 떠나는 오후	··· 38

2부

위로를 품다

석화	… 43
간절곶	… 44
거돈사지, 만월	… 46
세로토닌	… 48
동해엔	… 50
엄마가 섬 그늘에	… 52
비스듬한	… 54
의자 위로 앉은 위로	… 56
익명	… 58
독, 毒, 獨	… 60
내란	… 62
쉿!	… 64
神의 방귀 냄새를 맡다	… 65
한 뼘의 위로	… 66
상도산로 25번길	… 68
재난 경보	… 70
눈먼 자의 노래	… 72
그들만의 레시피	… 74
고양이 오르골	… 76

3부
기억을 되짚다

소라이 미치미치 개미 똥꾸녁	… 79
해갈	… 82
일곱 살	… 84
달걀 미역국	… 86
재봉틀	… 88
귀뚜라미 한 대 놔드릴까요?	… 90
침묵	… 92
미취학 어른이	… 93
지랄의 총량	… 95
나의 지난 연인에게	… 97
거울	… 99
늦둥이를 가졌어	… 101
문득,	… 103
앤 셜리	… 105
마침내	… 108
상(床)	… 110

1부

시간 을 듣다

그랑드 자트 섬의 일요일 오후

  너에게 묻느라 지친 물음표의 점을 챙겨 들고 그랑드 자트 섬으로 떠날 거야
  운 좋게 일요일 오후에 도착한다면 엉덩이가 불룩한 빨간 모자 쓴 여자의 양산에 올라갈지도 모르지 아니면 검은 개의 꼬리 끝에 앉을지도, 빨갛거나 노랗거나 푸르거나 초록한 점들 어디든 숨을 만해서 다른 곳에서 굴러들어온 점이란 걸 아무도 눈치채지 못할 거야 답 없는 질문으로 지쳤던 내 점에게 이만한 휴양지란 어디에도 없을 걸 점들의 혼합과 분화 사이에서 느긋하게 굴러 다녀보려고 해

  선착장에 배가 도착하는지 자주 간절할 거야 남겨두고 온 물음표의 몸통을 다그쳐 행여 네가 내 행선지를 찾아낸다면, 수없이 던진 질문의 답을 들고 그랑드 자트 섬으로 와준다면, 점들 사이 허술하게 숨은 나를 찾아내 준다면, 못 이기는 척을 그럴듯하게 해내며 너를 따라나설지도 모르지

현실은 그러나 낭만적이지 않아서 점은 그랑드 자트 섬을 향해 떠나지 못한 채 구차한 물음표만 남발하는 중이야 물음표는 끊임없이 답을 얻지 못하고 그랑드 자트 섬은 너무 멀고 일요일 오후마다 몸살을 앓기만 해 떠나지 못한 점은 또다시 네 이름 옆으로 가 누웠어

점을 달래면 마침표가 될 수 있을까
너와 그림 같은 이별을 완성할 수 있을까

허름한 일요일을 구르는 동안
창밖에 월요일이 도착했어.

pm의 초대

무뚝뚝하게 하루를 지키던 am의 하늘과
땅 위에서 기특해야 했던 모든 것들이
붉은 한숨을 토해내는 시간
먼저 도착한 어둠이 성마르게 보채면
도시는 뜨겁게 품고 온 하루를 식히며
여기저기 널어놓은 그림자를 거두어 들인다

시계 안에 갇혀 있던 시간은
비로소 제 속도로 흐르고
오늘의 다짐들은 내일의 책상 위에 미뤄둔 채
삶의 모서리로부터 너그러워지는 시간
아직 덜 마른 그림자 사이로
길고양이 꼬리가 긴 낮잠에서 깨어나고
생기 얻은 발꿈치는 두서없이 재촉한다
휘황이 낭자한 밤거리로

일탈이 일상이 되는 시간
pm의 숲

시간의 부동

시곗바늘이 정거장에서 우뚝하다
낯선 어깨들이 출렁였다 떠나고
어수선한 행선지가 난무하는 동안
정장을 차려입은 시간은
기다림으로 오롯할 뿐

시간이 한 땀 한 땀 뜨겁게 흘러서
마침내 12시 역에 정렬 중이지만
발자국은 아직 도착하지 않았다

몇 대의 열차가 헛된 기대를 실어나르는 동안
도착해야 할 걸음은 어디에서 길을 잃었는가
각자의 방향으로 떠난 시곗바늘이
한 땀 한 땀 식어가는 동안
기다림은 오직 꼿꼿할 뿐

부동은 가장 치열한 움직임이다

시간이 뜨겁다가
식었다가 다시 뜨거워지기를 반복하는 사이
그리움의 이마엔 열꽃이 무성했지만
끝내 당도하지 않는 발자국

기다림은 가장 치열한 부동이다

꽃들에게 희망을

 간혹, 땅은 예고 없이 90도로 일어선다
 어느 때 어떠한 이유로 융기할 것인지 복선도 없이 고난이 몸을 일으켰다 오늘의 길을 걷던 작은 여자 우뚝한 각도에 갇혀 길을 잃었다 물 한 병 없이 슬리퍼를 신고 나선 길이 문득 산이 되었으니 여자는 산을 버텨낼 수밖에 없다 발에 물집이 잡히고 목이 타들어 가도 길을 열어주지 않는 돌산, 짙은 안개마저 고난을 돕는다 겨우 꼭대기에 올랐으나 내려가는 길은 추락에 가깝다 날개가 돋을 리 없는 겨드랑이를 껴안고 구른다

 어리석음의 시제는 현재진행형
 융기를 벼르는 산은 얼마든지 있다는 명심은 매번 허술하여 여자는 오늘도 슬리퍼를 신고 물병도 없이 길을 나서는 중이다

 '경로를 이탈하여 다른 경로를 찾습니다'
 땅은 360도로 돈다, 자주

봄 문안

다급한 전갈을 받고 병문안을 나섭니다
머리 풀어 헤친 수양버들 곡소리 흐드러진 강가에서
봄은 변심한 계절을 붙잡고
구차한 중입니다

한때 연두로 다정했던 나뭇잎의 농도는 짙어져
봄을 잊고 여름과 뜨거울 것입니다
분홍을 지나온 꽃대는 이제 붉게 타오를 것입니다

봄과 여름의 경계
연두와 초록의 교차
끝과 시작 사이에서
나는 그저 호젓할 뿐입니다
강 건너 꽃구경입니다

Happy new year!

 손금은 손으로 말하는 상형문자, 양력과 음력과 생시가 만들어 낸 태초의 문자, 관상과 작당하여 운명을 참견하는 틈

 어떤 숟가락을 쥘지 랜덤이 아니라 손안의 틈 위에 재단 된 불공평이라면 나의 불공평은 어디에서부터 발아된 것인지 흙으로 만든 숟가락은 툭하면 부러지고 로또에 인쇄되어있을지 모를 신의 자비를 구걸하는 기도엔 번번이 응답이 없다 기댈 언덕 없이 가상한 몸부림은 정확하게 저울질 되어 딱 그만큼의 보답만으로 회신된다

 수신한 보답을 한 톨도 흘리지 않고 압력솥에 넣고 밥을 짓는다 따뜻한 김이 오르면 흙수저로 서걱거리는 밥 한 그릇 든든하게 먹고 기댈 언덕 하나 마련하러 또다시 길에 오를 것이다

 공평하게 불공평한 달력의 삼백육십오 일을 한 장 한 장 찢어내며

신년이 오면 또다시 일 년 치 운명을 묻는다
부질없는 거짓 예언을 위안 삼아
모든 염려는 손안에 접어두고
해마다 암기하는 주입식 새해 인사
올해도 행복하시길!

외출

단단한 살이 열리는 시간
무명의 맛을 지나 새콤하거나 달콤한 맛에 도착한 농익은 시간
계절의 까탈과 변덕을 견딘 인내의 시간
노랗거나 연두의 빛깔을 발효시킨 붉은 시간

거룩한 시간이
마침내 당도하여
혀 위에 쏟아내는 아우성

그녀의 붉은 립스틱에서는 자두향이 났다
발칙한 향그러움
자두의 시간이 되면
그녀는, 그녀를 두고 나갔다

너그러이 빌려줄 어깨를 열고
말랑한 속살을 팔락이며
있는 줄 잊고 있었던 혀를 깨워 앞세우고는

자두는
빗방울의 걸음으로 걸었다

폭죽처럼 난무하던 자두를 탕진하면
사뿐하게 돌아와
어깨를 닫고 혀는 어디 두었는지 잊기로 한다
아무에게도 허락하지 않은 심장은
흙으로 방생하고
붉은 맥박 소리와 함께 모든 시간을 되짚어
되짚어
다시 자두를 준비한다

숙취

어제는 아직 외출에서 돌아오지 않았다
게으른 오늘은 바닥에 널부러진 중이고
내일은 떠날 예정이라 짐을 싸야 하지만
오늘이 협조해주지 않아 지지부진하다

어제가 발이 네 개인 채로 돌아왔다
오늘은 여전히 부지런해질 생각이 없고
내일의 가방은 아직 지퍼조차 열리지 않았다

어제는 간헐적 건망을 작심한다
오늘은 어제를 핑계 삼아 좀 더 게을러지기로 하고
내일의 예정을 작파하는 것으로
어제와 오늘과 내일은 마침내 평화롭다

낙화

백합이 열렬하다

장독대 사이, 길게 뽑아 올린 목이
하늘을 머리에 이고 속수무책 고고한 중
바벨의 나팔 소리 묵음으로 요란하다

침대 가득 백합을 채우면 정말 꽃처럼 죽을 수 있을까

사는 동안 한 번도 꽃 같지 않았던 삶
하얀 진혼곡을 위로 삼아
꽃잎 수의로 향그러울 수 있을까
천사와 악마의 고향은 같아서
돌아갈 곳 또한 같으니
백합으로
내 죄를 내가 사하리라
함께 눈부시리라
함께 부서지리라

장독대 속이기 좋은 틈 사이
하얗게 소진한 수많은 약속과 맹세들이
천사의 치마를 입고 낙화하는 오후

백합이 장렬하다

민들레

도깨비 머리에 꽃이 피었어

겨우내 쓸쓸했던 도깨비 숲에
꾀꼬리가 울고
석류가 붉고
나뭇잎이 부산한 사이로
불쑥, 모를 것이 헤집고 들어왔더래
도깨비 숲에 겁도 없이 들어온
천진한 그것을 멀뚱하게 바라보다가
닷 냥만 빌려줘!
괜한 딴지를 걸었다지

닷 냥 빌려 가
닷 냥 갚고
닷 냥 갚고
또 닷 냥 갚고
도깨비가 몰라서 그랬을까?

아무리 방망이를 휘둘러도
제 맘대로 안되는 손톱만 한 그것에 애가 닳았지
제 마음에 제가 홀려서
날마다 닷 냥 들고 찾아간 게지

도깨비가 외로우면
머리에 뿔 대신 꽃이 핀다지

어쩌나
사방이 꽃 천지

밤의 조도

가령, 당신이 등에 해를 업고 왔다면
나는 눈이 부셔 그만, 돌아누웠을지 모릅니다
다정한 당신은
달의 시간을 건너
발꿈치를 들고 가만가만 다가와
알맞은 조도로 내 곁에 누웠습니다.
고요하게 내려앉은 시간의 평온을 느끼며
비로소 짙어지는 별의 향기를 맡고
고양이처럼 가르릉거리는 밤의 소리를 들었습니다

밤의 효모가 둥글게 부풀어 올라
공기는 달짝지근하고 향기는 감미로워
참으로 적당하였습니다.

창문이 소란하게
아침을 불러들이는 동안에도
당신은
여전히 가만가만 다정하고 부드러워

나는 당신 곁을 떠나지 못하였습니다

아마도
나머지의 밤 동안에도
나는 일어나지 않겠지요
당신의 내어준 팔을 베고 누워
하루를 소등하고
오래도록
꿈결 인양 지내겠지요

원고, 최후 진술하세요

 수수밭에서 정신을 차리고 나니 사방이 피로 흥건했습니다 머리통이 깨지고 허리가 부러진 것 같았지만 죽을힘을 다해 빠져나왔지요 다리 두 개인 것들이 내 가죽을 벗기겠다고 달려드는 걸 간신히 따돌렸지 뭡니까 아이고 분통이 터져서 살 수가 있나 내가 도대체 뭘 잘못했느냔 말이에요 난 채식주의가 아닌데 떡이 웬말입니까 다리 하나 팔 하나 감질이 안 나겠냔 말입니다 내 날카로운 이빨과 발톱이 딱 그런 것들 잡으라고 있는 건데 어쩌라는 겁니까 다리 두 개인 족속들이 얼마나 숭악한 것들인데 왜 동앗줄은 그것들에게만 내리는 거냐고요 머리 검은 짐승이 제일 무섭다는 걸 진짜 모르십니까 모르는 척 하시는 겁니까

 아, 그리고 말이 나와서 하는 말입니다만,
 아무리 옛날 옛적을 거슬러 올라가도 조상 중에 담배 피운 분은 없어요 아무 데나 갖다 붙이지 말고 제발 그 입들 닥치시지요

흑설

 얼굴이 하얗고 검은 머리의 그녀는 금테 두른 액자 속에 그림으로나 살면 좋았을 테지 세상은 보송하고 하늘은 맑기만 해서 평생 천둥 번개 한번 내리칠 리 없으리라 믿어 마지않는 철부지 내딛는 걸음걸음 놓인 그 꽃을 사뿐히 즈려밟고 다닐 뿐인 그녀의 하늘엔 늘 무지개가 걸렸으리라 천신만고 끝에 왕비가 된 내 눈에 날마다 예뻐질 일밖에 없는 애송이가 곱게 보였을 리 만무하잖아 내 편이라고는 없는 궁전에서 쫓겨나지 않으려면 움직여야지 진취적으로 은밀하게

 행복은 만만하지 않아 사과처럼 굴러다니는 동그란 그것을 바구니에 담아 오는 걸 용기라고 부르지

 난 당당한 나쁜 년이지 뻔뻔한 미친년이지 나쁜 년이 독을 품으면 오뉴월에 서리가 내린단다 가질 수 없다면 부숴버려야지 여덟 번째 난쟁이로 살 수는 없잖아 그래서는 안 되는 백만 가지 이유는 개나 줘버려

나쁜 년의 바구니는 늘 비어있지 항상 굶주리지
 빈 바구니에 그래도 되는 몇 가지 이유를 담고 길을 나서지 태어날 때부터 금 사과를 가지고 태어난 그녀에게 빨간 사과는 신선할 거야 세상의 여러 가지 사과를 맛보게 해줘야지 상냥하고 교활하게

 바구니가 비어있는 미친년들, 정말 안녕하신건희?

갈치 조림

바닷가 허름한 식당
갈치 한 마리 냄비 안에서 토막으로 누웠다
한 남자의 목숨이 함께 끓는다
토막 났던 남자의 인생이 무와 함께 달큰하게 우러난다

목숨을 갈아 만드는 줄도 모르고 불렸던
부질없는 것들을 육지에 버려두고
시한부로 허락된 6개월만 들고 찾은 바다
6개월짜리 목숨이 복리로 이자를 불려
8년째 갈치를 조린다는 무용담이
청량고추와 함께 다글다글 끓는다

젓가락이 집어 올린 하얀 속살은
간이 알맞게 들었다
한 남자의 인생에 알맞은 간이 들기까지
머리엔 하얗게 서리가 내리고
내장은 몸살을 앓았다

이제 토막 난 갈치는 남자에게로 가
다시 6개월짜리 목숨을
복리에 복리로 이자를 놓을 것이다

남자의 속에 바다가 들었다
갈치가 길게 헤엄친다

거미줄

안개의 뼈를 만나다

뼈들이 즐비한 새벽
나무의 겨드랑이
의자의 사타구니
풀어헤친 풀의 머리카락
사이에 매복해있던 뼈들이
새벽 이슬의 밀고로
투명하게 검거됐다

은밀하고 촘촘한 뼈의 점성에
속수무책 불투명한 목숨들

발밑의 끈끈이가 종아리를 타고 오른다

점성의 뼈들이
너와 나
그와 그녀

그들과 우리
사이에 사악하고 친밀하게 이물거린다
뱉어낼수록 더 끈질기게 조여오는
뼈들의 인해전술

날개를 가진 작은 것들의
무수한 사체가 뼈들 사이에서 장렬한
새벽, 산책길이
장지를 향해 열려있다

길고양이 떠나는 오후

골목 끝 벽에 기대어 선 앙상한 그림자 하나
하필 나는 그 시간에 꼿꼿해서
얇게 흔들리고 있는 너를 만났다
내 주머니 안엔 손수건처럼 접힌 위로 몇 장이 있었다
손에 잡히는 한 장을 펼쳐 깃발처럼 흔들어
어깨 위로 실려지는 그림자의 무게를 함부로 감당했다

그림자가 들고 온 가방 안엔
가련한 표정과 여윈 쇄골이 들어있었다
염치가 말라버린 굶주린 위장과
탈골한 관절의 삐걱 소리
선량을 교과서로 배운 탓에
무엄한 질량의 발톱을 예측하지 못한
오지랖은 어리석었다

계절이 나긋해진 골목 어귀

기력을 찾은 그림자는
손바닥을 탁탁 털어내고
가뿐하게 어깨에서 내려와 떠날 준비를 서두른다
내 그림자는 벽에 기대어 위태롭고
주머니에는 한 장의
위로조차 남아있지 않았다

빈 주머니에 앙상한 손을 감추고
혼자서 얇게 흔들리는 오후
깃발처럼 나부끼는
흰,

2부

위로 를 품다

석화

보드랍고 다정한 천지간의 틈을 두고
어쩌다 모지락스러운
그 틈을 파고 들었을까

곁을 주지 않는 바위에 엉기느라 뿌리는 용맹해지고
들이치는 파도를 버티느라 울퉁불퉁 사나워진 꽃잎
이 악문 오기로 마침내
위풍당당 피워낸
한 송이 승전보

향기롭고 말캉한 꿀은 씨방 안에
그득하게 숨기고
납작 엎드린 바위를 딛고 서서
손을 들어 외치는
단단한 목소리
나도,
꽃

간절곶

바다의 애간장이 끓고 있다

간절이 하늘에 닿아
가장 먼저 해가 뜨는 곳
간절곶에서는 파도보다 간절이 더 물결친다

갈매기가 먼 곳의 간절을 물어 나르는 동안
세상의 모든 빨강과 초록을 소집시킨 우체통은
거대하게 우뚝하여
누군가의 어깨에, 이마에 실려 온
온갖 사사로운 소망까지 다 쓸어 담을 작정이다

오늘의 페이지에 실어 보낸 소망이 365일 후를 기약하니
간절한 하루를 365번 접으면 소망이 이루어지려나
다정한 발자국들과 나눴던 이야기나
점심으로 먹은 칠리새우의 맛도 배달되려나
파도 소리도 늦지 않게 따라오려나

간절곶,
시한부의 소망을 선물 받았다
1년을 살 이유가 충분해졌다

거돈사지, 만월

달이 불렀다
거돈사지, 하필 그 먼 곳에서 부르는가

달은 거만했다
땅 위의 모든 것들이 납작하게 겸손해져서
더불어 무릎을 꿇기에 마땅했다
그지없이
광활한 대지에
그보다 더 그지없이
도도한 달빛이 몸을 풀고 있다

자비로이 흘린 달빛이
3층 석탑 처마 위에서 미끄러져
어깨 위로 내려앉았다가
찻잔 위로 떨어졌다

달빛은 내가 다 마셔 버렸다

달은 내일부터
날마다 수척해지겠지만
새 이가 돋듯 살이 차오르면
달은 또 거만해져서 어딘가로 부를 테고
나는 가까운 달을 두고 먼 어딘가에서 그지없을
도도한 달빛에 취하러
기꺼이 길을 나설 것이다

세로토닌

기별을 넣지 않은 채
아무 때나 벨을 누르는 무례를 나는 묻지 않았다
우울의 발 사이즈는 235mm
볼이 넓고 통통한 발은
그날의 깊이를 신고 온다

운동화를 신고 온 우울과는
공원으로 산책을 나간다
잘 길들여진 운동화를
신었다면 함께 산을 오른다
구두를 신고 나타난 우울과는 바를 갈 수 있다
와인 잔에서 유영 중인 재즈를 홀짝이다가
인사도 없이 사라져 버리기도 한다
슬리퍼를 신은 우울과는 동네 마트가 제격이다
만원에 네 개 하는 캔맥주도 함께 친구가 된다

가장 곤란한 지경인 때는
아무것도 신고 오지 않을 때다

맨발의 우울은 깊고도 깊어서
술에 취해 업혀 오기 일쑤다
만약 비까지 내리는 날이면
그럴 때는 도무지 어찌하면 좋은가
상처 난 발을 닦아줄 여유도 없이
젖은 몸을 껴안은 채 체온을 나누는 수밖에 없다

잠든 우울이 깨기 전에
마른 신발 하나 살며시 내어놓고

동해엔

아버지의 어깨가 철썩인다
평생 거룩해야 했던 등이 들썩인다
바위에 깨지며 견디느라 가실 날 없던 멍이
바다보다 더 짙푸르게 출렁인다

아버지의 한숨이 뜨고 진다
한때 구름보다 자유롭고
태양보다 뜨거웠을 청춘은
먼 수평선 너머의 기억으로
떠올랐다가 가라앉기를 반복한다

아버지의 유서가 떠다닌다
언제든 장렬하게 죽을 수 있는 다짐이
핏빛으로 비장하다

달이 지기 전 어스름한
해가 뜨기 전 새벽녘
모두가 잠든 시간

빛과 어둠이 교차하는 사이
아버지는 그 잠깐의 사이에만
어깨를 내려 놓았다
한숨을 내려 놓았다
유서를 말아 담배 한 대 피웠다

해가 뜨고 바다가 부르면, 아버지는
어깨를 메고
한숨을 지고
새 유서를 쥐고
다시 출렁이러 갔다

그래서 우리가 살았다

엄마가 섬 그늘에

굴 따러 가면
바다는 엄마 대신 가슴을 열어 아가에게 젖을 물리고
갈매기는 부지런히 자장가를 물어 날랐다
빈 쌀독을 배에 실은 어부가
먼 바다로 나가 그물을 던지는 동안
잠에서 깬 아가 울음소리
동쪽에서 떠올라 서쪽에서 붉은 위로로 지는 하루

아가의 보폭이 성큼 커지도록
엄마는 섬 그늘을 떠나지 못하고
등록금 고지서를 배에 실은 어부는
더 먼 바다로 나가야 했다.

구부정한 세월이 마침내 굴 바구니에 그득해진 사이
바다와 함께 키워 뭍으로 보낸 자식은
갯내를 잊어버린 채
제 쌀독을 채우느라 여념이 없고
동쪽에서도 서쪽에서도 기별 없는 하루가 진다

아직도 섬 그늘에서 굴 따는 엄마와
배 위에서 내려오는 법을 잊어버린 어부 위로
갈매기가 가난한 안부를 물고 난다

비스듬한

부르지도 않았는데 달려와
꽃이 되어버린 이름 석 자
너무 무거워
온몸으로 메고 갑니다

당신은, 당신의 이름이 어디에서
그토록 무거운지 알지 못한 채로
그저 깃털처럼
가벼웁겠지요

나는 당신의 이름으로
오늘도 비틀거립니다
무거운 향기를 견디느라
구두 뒤축은 닳아서 한쪽이 비스듬합니다
균형을 잃은 내 마음도
날마다 날마다 비스듬하게 깎입니다

조심스럽게 뒤꿈치를 들고 걷습니다

기우뚱한 발소리에
놀란 당신이 멀어질까 조심스럽게 다가가
깃털처럼 가벼운 당신의 어깨 위에
가만히 내 이름하나 얹어놓습니다

무심한 당신이 먼지를 털듯 털어낸다 해도
상심에 이골이 난 나는
비스듬한 구두를 고쳐 신고
원래 있던 자리로 돌아가
다시 조심스러울 기회를 엿보겠습니다

의자 위로 앉은 위로

두서없는 발자국들이 떠나가고
어둠이 공원 안으로 월류하는 시간
외다리 나무가 막대사탕 같은 빛을 녹여 먹는 사이
길 찾는 두꺼비는 모든 길을 열고 느슨하다

가로등 밑 네발 달린 긴 위로 앞에 걸음을 멈춘
비탈진 발자국 하나
위태롭게 메고 온 경사를 내려놓고
두꺼비의 호흡을 빌어 숨을 쉰다
구부러진 등이 보글보글 끓어오른다

오전 7시 10분의 헐떡임과
오후 1시 40분의 나른함과
저녁 10시 30분의 고성방가가
네 발 달린 위로의 등에 한꺼번에 쏟아져 내린다

그제를 복사해서 붙여넣기한 어제와 똑같은 오늘
오늘과 같은 하루를 예약해둔 내일을 우리는 쳇바

퀴라 부른다
 다람쥐처럼 하루를 돌면 쥐꼬리로 환산되는 복붙의 나날들

 어둠이 범람하도록 끓어오른 등은 식을 줄 모르고
 뜨거운 등을 토닥이며 네 발의 위로가 속삭인다
 -네 등에 꽃씨가 있어

 꼬물꼬물 뜨겁게 파고드는 실뿌리의 기척에
 화드득 자리에서 일어난 발자국은
 느슨해진 호흡을 조이고 경사를 털어내고는
 남은 길을 완성하러 떠난다

익명

 이름을 밝히지 않는 씨앗을 심었다

 모든 발아는 지극하여 무시로 무릎을 불러 모은다 씨앗이 뾰족한 옹아리를 터뜨리면 잼잼, 도리도리 함께 벙그러지고 떡잎이 몇 장인지 나란히맥인지 그물맥인지 아가의 손바닥 덜 여문 손금을 쫓듯 쫓는다

 웃자란 애정을 등에 업고 목차에서 빠져나온 익명은
 부끄럽거나 혹은 뻔뻔한
 조신하거나 혹은 앙큼한
 오드리거나 혹은 카멜라거나
 정체를 뜸 들이며 만끽하는 자유로움

 태풍을 휘감고
 번개로 무장한
 전사와 같은 꽃대의 시기를 거쳐
 마침내 하얗게 들통난 향기, 폭죽처럼 터지는 환호성에

임무를 다한 익명은 봉오리마다 터지는 새콤한 윙크와 자리를 바꾼다

현장에서 검거된 이름
안녕, 나의 오렌지 자스민

독, 毒, 獨

장독대에 앉은 그녀가
알을 품듯 독을 품고 있다

독 안에 든
毒을 품어 말갛게
장을 만들어 내는 동안
그녀의 살과 피는
함께 녹아내렸다

햇빛과
비와
바람과
때론 천둥이
독 안에서 함께 익었다

장독 뚜껑이
닫혔다가 열리기를 반복하는 사이
다리는 조금씩 휘고

어깨는 내려앉아
발라낼 살도 걸러낼 피도 말라붙으면
그녀는 빈 독에 들어앉아 獨하게 익어간다

독 안이 그녀로
그윽하다

내란

시속 100
불현 척추 3번과 4번 뼈가 말을 걸어왔다
-운전 중에 말을 거는 건 반칙이야
과적되어 쌓인 피로가 운전대를 타고 올라와 어깨 위에서 농성을 시작했다

시속 90
농성의 열기는 뜨거워지고 분노한 피로는 눈꺼풀 위로 집결했다
속수무책 눈두덩이에 모든 체중이 실린다

시속 80
어제와 그제, 그 그제, 날짜를 헤아릴 수 없는 고된 노역에 분노한 척추는 기어이 다른 뼈들마저 선동하고 골반과 무릎까지 참았던 분통을 터뜨린다

시속 70
뼈들과 관절이 동참한 거국적인 반란에 협상을 시

도해보지만 타협은 만무했다 목적지는 아득하고 고성은 극렬하다

 시속 100
 세렝게티 초원 위에 뼈와 관절들을 풀어놓는다
 치타의 무릎으로 사자의 장딴지로 타조의 날갯죽지로 각각 들어앉는다
 해방된 그들의 환호성에 몸의 세포들도 폭죽을 터뜨린다

 시속 0
 고속도로 휴게소 안
 아이스아메리카노 한잔으로 협상은 체결됐다.

쉿!

조금만 더, 이불속에서 달게 궁글리는 5분
어제 세탁소에서 잊지 않고 찾아둔 재킷
한 번에 찾아낸 짝맞는 양말
가까스로 밀고 들어간 후 듣는 "출입문 닫겠습니다"
딱 떠올라 준 메뉴를 실망시키지 않는 점심 식사
식후 아이스아메리카노에 명랑하게 떠 있는 얼음 조각
서랍 속에 넣어둔 사직서를 제출하지 않은 퇴근길
소박한 저녁 식탁 알맞게 익어 아작거리는 깍두기
소파에 누워 영화와 함께 나른하게 접는 하루
내일부터 시작되는 연휴

오늘도 매복에 성공한

행복의 하찮은
위대함

神의 방귀 냄새를 맡다

  막차였다 버스를 타지 않으면 집으로 갈 수 없었다 젖 먹던 힘까지 끌어모아 출발하려는 버스를 겨우 잡았다 안도감에 이어 몰려오는 급격한 허기 간식을 살 여유가 없었고 식사를 한 지 꽤 오랜 시간이 흘렀다 젖 먹던 힘까지 탕진하였으니 텅 빈 위장은 아우성을 쳐댔고 갈 길은 아득하다

  어디선가 고소한 냄새가 풍겼다 후각이 헐떡이며 간절한 눈으로 찾아낸 것은 할머니 손에 들린 달걀 봉지, 으깨진 달걀을 든 神의 목소리를 들었다
  -모냥은 이렇지만 좀 드실라우?
  노랗고 동그란 神의 얼굴 몇 개 내 손위에 강림했고 배고픈 중생 몇이 더 구원을 받았다 버스 안은 神의 방귀 냄새로 훈훈하다

  神은 달걀이다
  삶은, 달걀이다

한 뼘의 위로

제 성질을 못 이긴 계절이
기어이 몸뚱이에 불을 붙였어
불은 붉게 초록으로 타올라
넘쳐나는 화력으로 온통 태워버릴 모양이야

타닥타닥 타들어 가는 보도블록 위로
까맣게 구워진 개미 떼가 일렬종대로
묵묵히 여름을 나르고
매미는 한 시절 자객으로 열렬하지

햇빛이 장대처럼 쏟아지는 오후 두 시
하늘의 포악질에 질린
바람이 몸을 식히러 가는 곳이 있어
열렬함이 잠시 숨을 고르는 곳
그림자가 돗자리를 펴놓은 자리에서
나뭇잎이 탈 때 어떤 소리가 나는지 들을 수 있어
초록이 익을 때 어떤 냄새를 풍기는지 맡을 수 있지

천지를 휘젓는 난폭한 열기 속에
한 바닥 양심으로 펼쳐놓은 계절의 반성문
그늘의 한 뼘

상도산로 25번길

쇠락이라 쓰고 낭만이라 읽히는 번지
미로 같은 균열을 따라 걷다 보면
정다운 누추함과 마주하게 되는 골목
시멘트 담장 깨진 틈으로 불어든 바람이
고양이의 낮잠을 기웃거린다

한때 밤을 주름잡았다는 할매가
쓰러져가는 점방에 들어앉아
라면 한 봉지, 소주 한 병을 팔며
백 원짜리 화투판을 주름잡는 곳

디퓨저 향기처럼 일렁이는 하수구 냄새 속에
갈치가 천 원
계란이 왔어요 목소리가
팔딱이며 헤엄친다

하늘이 어둑해지면
개와 고양이의 영역 위에

술 취한 남자가 자신의 영역을 세놓은 후
덤으로 부침개도 한 장 부쳐두는 전봇대 대첩을 치르고는
비틀비틀 자기 몫의 골목길을 말아 들고 돌아가
이불처럼 깔고 눕는다

학교 갈 아이들 깨우는 소리가 담을 넘어
알람 소리처럼 퍼지면
어젯밤 마신 술이 덜 깬 자전거가
안장에 숙취를 싣고 떠나는 아침
밤새 말려있던 골목길이
레드카펫처럼 펼쳐진다

재난 경보

만남에는 매뉴얼이 있다

누군가를 만나려면
얼굴과 악수를 나눈 후
뒤통수와도 인사를 나눠야한다
사람의 얼굴에 숨긴 표정은 자주
뒷면에서 정직한 법이어서
여기까지 걸어온 길
등에 그려진 지도를 읽을 줄 알아야 한다

누군가를 만나려면
서로 포옹을 나눈 후
그림자와도 눈을 맞춰야 한다
사람의 발밑에는
평생 눌러 담아온 온도가 있으니
만난다는 것은
그림자의 체온까지 나누는 것이다

매뉴얼을 지키지 않은 만남은 재난이 된다

경고가 무시되는 거리에
방탕한 만남은 빈번하여
의도치 않은 재난이
날마다 의도적으로 일어난다

눈먼 자의 노래

먼 곳에서부터 시작됐을 노래의 전주가 당도했다
도입부는 혼돈과 탄식의 메아리 같은 허밍

두 눈에 다리가 생기고 지퍼가 달린 후였다, 모든 사물로부터 너그러워진 것은

보이는 것과 보이지 않는 것의 경계가 높아진 대신 보고 싶은 것과 보고 싶지 않은 것을 가릴 수 있는 새로운 악보가 가방에 담겼다
처음인듯 뜬 눈은 다리를 접고 기다리는 법을 알고 있었다
아직 노래를 익히지 못한 어리석은 자가 번번이 음정과 박자를 놓치는 사이 영특한 새 눈은 빈번하게 몸을 숨겨서 길들이는 방법을 터득했다 가까워질수록 멀어지는 관계의 이치까지 설파하며 고양이의 꼬리처럼 도도하기 그지없어라

낮은 자의 겸손으로 모든 윤곽을 허문 자리에 안

단테, 안단테
　거룩한 눈에 하얀 백기로 이부자리를 깔아드리고 지퍼를 닫는다 쉿! 목소리를 낮추고 가만가만 불러드리는 자장가
　부디 숙면하시길

그들만의 레시피

굶주린 혓바닥들이 은밀하게 모였다
오늘의 식재료는
다만 그 자리에 없다는 이유로 포획된다
누구에게나 간이 딱 맞는 사람은 없어서
적당히 짜고 맵지 못한 그와 그녀는
또는 그들은
적당을 작당한 쉐프에 의해
펄떡이며 산채로 도마에 오른다

생포해온 재료는 껍질을 벗기고 잘게 썬다
피둥피둥 살이 오른 질투를 뭉근히 끓여 육수를 낸다
마땅하기 그지없는 편견와 더불어 당당한 억측을 넣고 중불로 끓인다
소문을 고명으로 얹어 그릇에 담는다

국물이 끝내주는 요리
쫄깃하게 씹히는 건더기를 공들여 씹는다
씹을수록 우러나는 맛이 쏠쏠하다

접시가 바닥을 드러낸다
허기가 가시지 않는 혓바닥
화장실에 가야 하지만
아무도
선뜻
일어나지 못한다

고양이 오르골

한낮, 고양이 옆에서 잠을 나누면
骨骨骨 骨骨骨
뼈마디 사이를 나긋나긋 공명하는 소리
행복이 낮잠자며 잠꼬대하는 소리
骨骨骨 骨骨骨
고양이가 코끝으로 차 끓이는 소리
모든 근심조차 향그러워지는 소리
骨骨骨 骨骨骨
발끝으로 꾹꾹꾹 엄마를 부르면
온몸으로 나 여기또, 대답하게 되는

천사들이 연주하는
위로의 멜로디
骨骨骨 骨骨骨
고양이 오르골

3부

기억 을 되짚다

소라이 미치미치 개미 똥꾸녁

　우리 동네에선 자짜꾸리나 빠끔살이 하려고 편을 나눌 때면
　소라이 미치미치 개미 똥꾸녁을 외쳤어
　동네마다 놀이를 시작하는 마법 주문이 모두 다르다는 걸
　어른이 되어서야 알고 깔깔깔 거렸지

　소라이 미치미치 개미 똥꾸녁

　작은 돌멩이를 모아다가 자짜꾸리를 하느라 손톱이 다 헤졌지
　돌멩이 한 개가 뭐라고
　끈덕했네 안했네 죽었네 살았네 목숨이 왔다 갔다 눈 흘기고 삐졌다가도
　다음날이면 또 돌멩이 한가득 들고 모였지

　소라이 미치미치 개미 똥꾸녁

일단 이단 삼단 높이가 올라갈수록
　속바지도 입지 않은 가시네 치맛자락은 하늘 높이 펄럭이고
　고무줄 끊고 내빼는 극성맞은 머시매 때문에
　손톱 긴 싸납쟁이 가시네는 눈에 불을 켜면서도 깡충깡충 잘도 뛰었지

　소라이 미치미치 개미 똥꾸녁

　여보는 수시로 바뀌었지
　꼬막껍데기 모래밥 짓고 사금파리 조각에 벚꽃 김치 담아 상 내가면서
　가시네는 천연덕스럽게 윗집 머시매를 여보라고 불렀지
　지금은 얼굴도 기억 안 나는 단골 여보, 그 머시매는 누구의 여보가 됐을까

　소라이 미치미치 개미 똥꾸녁

아득한 그 시절
개미 똥꾸녁에 진심이었던 가시네들은 모두 어디서 뭘 하고 있을까

해갈

가물었네
오랜 가뭄으로 산모의 입술은 더 타들었네
무뚝뚝한 남편이 장에 간 사이 산기를 느낀 산모는
아랫방 할머니를 불렀네
갑자기 비가 쏟아졌네
비 오는 소리에 산모의 진통 소리도 묻혔네

모심을 철에 가물다 비가 쏟아지니
아랫방 할머니는 아가만 받아 주고 들로 나갔네
비는 계속 왔네
마당이 잠길 정도였네

두 번째 딸을 놓은 산모는
남편을 당당하게 기다리지도 못하고
발목까지 물이 들이찬 부엌에 발을 담그고
직접 미역국을 끓였네

음력 오월 스무엿새 날

비가 오네
비가 오네
가뭄 끝에 단비가 내리네

엄마 무릎에 든 비가
오늘도 많이 아리겠네

일곱 살

 허리 굵은 느티나무 장승처럼 지키고 선 동네 입구에 아이들 웃음소리 그늘 밑에서 까르르 통통통 제멋대로 튀어 다니고 바람의 입김대로 좌향좌 우향우 소란 속에 질서 정연한 풀잎들 사이로 누구네 집 숟가락 수를 세는 어른들 이야기가 다정을 나누는 동네, 십 원짜리 동전으로도 까먹을 것이 많던 점방엔 점방할매 툭하면 점방을 비우고 마늘밭에 품팔러 가도 두부 한 모 집어 지폐 놓고 알아서 거슬러 가는 인심이 무성한 곳

 동네에 하나 있던 국민학교 관사에 아버지가 선생님인 쥐방울만 한 계집아이가 살았어 운동장을 도화지 삼아 그림 그리며 놀던 계집아이는 동네에서 제일 부자였어 학교가 제 집인줄 알고 자랐거든 쑥 캐러 가는 언니 따라 학교 밖에 나섰다가 뱀 허리 밟은 언니가 혼자 도망가는 뒤통수를 보고 인생 처음으로 배신을 배웠다던, 나뭇가지 쌓고 지나가던 경운기 옆을 걷다가 말랑한 볼때기를 할퀴어 핏물인지 눈물

콧물인지 범벅이 되어 돌아왔다던,
  아직도 그 계집아이 볼에는 흉터가 남았다던가

  툭하면 제 나이를 잊어먹던 계집아이 이제는 사방에 나이를 흘리고 다니느라 부산한 와중에도 고향은 늘 나이 먹지 않는 그리움이어서 문득 부르면 달려가는 곳
  돌아가면 아직도 그곳에 남아있을
  내 일곱 살

달걀 미역국

엄마는 미역국에 달걀을 풀었다
오랫동안 당연히 달걀을 넣는 건 줄 알았다
나도 국을 끓여 낼 나이가 되어
달걀 미역국을 내놓자 사람들이 웃었다
그제야 엄마에게 물었다

-엄마, 왜 미역국에 달걀을 넣었어?
-고기는 없고 대신 넣을 것이 달걀밖에 더 있었가니

스물한 살, 꽃으로만 피어 있어도 좋을 나이에
줄줄이 자식 넷을 놓고 사는 동안
알밤 같은 자식들 머리통 직접 손질하고
재봉틀 앞에 앉아 밤새 옷 만들어 입히고
종일 허리 접고 구슬을 꿰어도
고기 한 근 너끈하지 않았던
엄마의 고단한 인생이
미역국 위에 노랗고 하얀 꽃으로 피어 올랐다

고기국 보다 달았던
달걀 미역국

재봉틀

 오래 앓은 이를 뽑고 저승새가 물어다 준 새 이를 심으러 형틀에 앉았다 오금이 저려오는 형틀에 몸을 비틀다가 별수 없이 입을 벌린다 형틀이 직장인 의사는 일상으로 내 고통을 집도한다 금방 끝납니다 몸에 힘을 빼야 덜 아픕니다 무표정하게 미란다의 원칙을 읊어주는 의사에게 밉보이지 않으려고 금방이라는 거짓말을 간절하게 믿어본다

 마취제로 무뎌진 몽롱한 잇몸 사이에서
 덜덜덜 재봉틀 소리를 들었다

 엄마는 밤마다 재봉틀 앞에서 가난을 재단했다
 원피스나 블라우스가 지어지는 동안 토해내던 재봉틀 소리 덜덜덜덜, 니들은 절대 재봉질 배우지 말어야 세상 고단헌 것이 재봉질인디 쓰잘데기없이 뽀짝거리지 말어라잉 덜덜덜덜덜

 평생 뽀짝대지 않았던 재봉틀인데 기어이 이곳에

서 만나고 말았어, 엄마

  영원할 것 같은 재봉질 소리가 끝나고 얼굴을 덮었던 수건이 걷혔다
  잇몸을 수놓은 바늘꽃이 아리다

귀뚜라미 한 대 놔드릴까요?

 그녀의 발에 귀뚜라미가 들었다 귀뚤귀뚤 울음소리가 뜨겁다 흠뻑 들이킨 달빛이 빠져나가지 못하고 그녀의 발 속에서 요동친다 달빛에 취한 그녀는 홀로 아름다워져서 누구도 말릴 수 없는 지경이 된다 땅을 박차고 무턱대고 날아올라 내려올 줄 모르고 우주를 유영하는 발은 수금지화목토천해명을 차례대로 밟고 내려온다 아, 명왕성은 얼마 전 그녀가 오도독 씹어먹었다던가 몸은 여기 있으나 발은 저만치서 뜨거워졌고 어디쯤엔가 흘리고 온 복숭아뼈는 찾을 수 있으려나

 딱따구리가 물어온 아침이 되면 그녀는 침대 밑에서 발을 찾아들고 없어진 복숭아뼈의 부재에 골몰한다 누군가의 주머니에 담겨있던 복숭아뼈가 돌아와 제자리를 찾는 기적은 번번이 일어나고 어느 행성에서 묻혀온 지 모를 검댕이는 기억과 함께 말갛게 씻어낸다

달빛은 오늘도 온갖 마땅한 이유로 찬란할 예정이고
그녀의 맨발은 오늘도 귀뚜라미 한 대 들일테고

침묵

너의 손모가지를 잘라버렸다면 우리를 지킬 수 있었을까

저주와 분노가 치열했던 시와 분과 초들이 길을 찾을 수 있었을까

잘못된 시작은 예정된 절망을 부추기고 없는 미래를 찾아 거슬러 올라가는 중에 번번이 길을 잃었다 똑똑 부러진 말의 칼날을 너를 향해 벼리며 부둥켜안고 울었던 어린 생명은 천진하여 지극히 처절하였다

계절의 색깔조차 구별할 수 없었던, 시궁같은 시간 속 하늘은 늘 회색이었다 발소리를 기다리며 밤마다 작두 위에서 춤춰야 했던 신경들이 아침이면 바짝 말라 발 밑에서 버석거렸다

허방을 짚은 다리로 24시간을 분별없이 고통스러워야 했던 그립지 않은 그곳

신의 축복으로 희미해진 폐허의 기억, 하늘은 색깔을 되찾았고

한 시절을 떠올리던 흑백은 모든 질문을 닫아건다

미취학 어른이

나는 아직 학교에 가지 못했어

재잘재잘 수다스러운 이야기가
다 자라지 않고 남아서
아직 그네를 타고 있거든
빗자루에서 떨어지지 않는 법을
민들레 더듬이로 속삭이는 법을
바람개비의 돌림노래를
잊지 않고 기억하고 있어

오십몇 살의 나는
고맙게도 아직 철이 들지 않아서
입학통지서가 날아오지 않았어

나는 영영 철이 들지 않을 속셈이어서
학교는 가지 않을 거야
대신
볕 좋은 날 고양이와 나란히 앉아

도란도란 이야기를 나누는 중이야
고양이 앞을 느릿느릿 지나는 간 큰
생쥐의 이야기도 담는 중이야
그 이야기를 들어 줄 친구들을
두근두근 기다리는 중이야

지랄의 총량

  아침마다 너는 지랄을 밥에 비벼 깨작거렸지 남은 지랄은 국에 빠뜨리고 휘리릭 휘저었지
  일상의 당부는 지랄의 핑계로 충분했고 너는 온갖 궤변에 기대어 당당했지 지랄은 자기 복제가 무한해서 아침에 다 비벼 먹은 줄 알았던 지랄은 저녁이면 또 난무했지 소진의 기미가 보이기는커녕 점점 피둥피둥해지고 반질거렸지 나는 네가 떨어뜨린 지랄의 부스러기를 주워 먹고는 번번이 탈이 났지

  총알을 장전하고 수류탄에 불을 붙인 채 방문을 열던 너, 사소한 접속사 하나에도 난사되던 총알에 나는 날마다 장렬했지 사방이 지뢰밭인 곳에서 서슴없이 미쳐 날뛰던 나의 어린 짐승을 껴안고 울었지 너와 나의 몸에는 고슴도치처럼 가시가 돋아 서로에게 가까워질수록 피가 낭자했지 지랄은 영원할 듯해서 나의 절망은 깊고 처절했지

  신은 어디에나 있어서 완벽한 절망은 없는 법이지

절망의 틈에서도 나는 너의 어미임을 다행히 잊지 않았지
 피가 낭자한 바로 거기에서 묵묵히 기다렸지

 동나지 않을 듯했던 지랄을 드디어 다 털어먹고 돌아온 내 어린 탕자가 벨을 눌렀을 때 맨발로 나가 맞았지 뻔뻔해도 좋도록 찬란했던 지랄들은 하나도 기억나지 않은 얼굴을 했지 욕조 가득 물을 받아 주었지

 식탁에 따뜻한 밥 한 그릇 올려두었지

나의 지난 연인에게

 너는 기특하게도 내 말을 들을 줄 아는 귀가 있었어 말은 모서리가 없이 둥글었지 적당히 발랄하고 가벼워서 나는 너와 이야기하면 상쾌한 등나무 벤치에 앉아 있는 기분이 들었어 쾌활한 오이가 입안에서 사각거리는 느낌이었지

 언제라고 꼭 집어낼 순 없어 너의 기특이 조금씩 빛이 바래지던 시기 말이야 말의 질감도 조금씩 달라졌지 말랑하고 둥글었던 모서리에 각이 잡히기 시작했다는 걸 사실, 나는 눈치채고 있었지만 애써 모른 체했어 점점 단단해진 말이 어느 날부터 등나무 줄기에 다닥다닥 박혔지 나는 딱딱한 네 말을 씹을 수가 없어서 도로 뱉었어

 너의 오이는 지금 어디에서 향긋할까
 애인이 싫증 날 때마다 꺼내쓰려고 아직도 혀 밑에 고딕을 숨기고 다닐까
 서툴렀던 우리의 연애가 밑거름이 되어 너는 좀

더 세련된 화법을 터득했겠지 그래도 우리, 참 귀여웠는데

 이제 나는 자판 위에서 밥벌이 중이라 오이체와 고딕체로는 어떻게 조합해서 얼마짜리를 만드냐에 골몰해 있어 간혹 누군가의 말에서 오이 풋내를 맡을 때가 있는데 나도 약아져서 혀 밑에 숨긴 고딕의 각을 금세 찾아낼 수 있지
 그건 좀 인생을 외롭게 만들기도 하지만 자판 위 외로움이란 단단한 밥그릇이 되어주는 법이어서

 나는 그럭저럭 안녕한 모양이야

거울

한때 쉰하나였던
일흔여덟의 엄마가
물끄러미 고여있다

소설 세 권짜리 한숨은
주름살 사이에서 납작하고
언제인지 기억뿐인 꽃분홍
볼우물 속에서 애처로운, 일흔의 엄마가
왔던 길을 되짚어
되짚어
문득 쉰하나의 내 얼굴에 닿았다

시간이 앞으로 내달려
내달리면
일흔여덟의 내 얼굴도
딸아이 방에 걸릴까

나는 어떤 얼굴로

누굴 마중해야 하는지
엉거주춤 서글퍼서
거울 안에 모인
세 개의 얼굴에게
모두의 안부를 전한다

늦둥이를 가졌어

'고양이가 내게 왔어'는
'나 아가를 가졌어'와 같은 말이다

어느 겨울, 딸아이 손에 들려온 새끼 고양이 버럭 내젓던 손끝이 고양이 털을 스치던 순간, 아가의 솜털을 기억해내고 말았다 가르릉거리는 숨소리에서 달짝지근한 젖 냄새를 맡고야 말았다 고양이의 눈에 들기 위해 이미 오래전 퇴화한 아양을 찾아내 혓바닥 위에 굴렸다

고양이의 시간은 거꾸로 흐른다

고양이를 안으면 첫아가를 품에 안았던 어린 새댁으로 돌아간다 겉만 자란 남편이 당구장에서 인생을 탕진하느라 돌아오지 않는 새벽 어린 새댁은 고양이 같은 아가를 품고 절망에서 희망을 골라내려고 안간힘을 썼다

아가는 자라 제가 누웠던 자리에 고양이를 놓고 홀가분하게 떠났다

고양이를 안고 자면 행복이 이불속에 함께 들어온다 골골골골 고양이 자장가에 커튼 사이로 스며드는 햇빛도 나른하게 잠꼬대하는 오후 모든 소음이 발소리를 낮추는데 기꺼이 동의한다

고양이는 떠난 아가의 자리에서 영원을 약속한다

문득,

씨앗은 그곳으로부터 움직였다

겨울 햇빛이 꽁꽁 언 계곡물을
뽀도독 뽀도독 깨먹는 소리를 들었다
바위가 단어를 씹어먹는 소리가 들렸다
편백 향 그윽한 곳에서
뒹굴뒹굴 시간이 구르는 소리를 들었다
문장이 함께 향기를 나누고 있었다

앙상한 나뭇가지가
지난봄 나뭇잎들의 비밀 이야기를 털어놨다
창백한 겨울 밤하늘이
은하수의 기억을 잠시 보여 주었다
바위와 나무를 삼켰던 계곡의 횡포를 꺼내 놓았다

계곡이, 편백이, 찻잎이 속내를 보여 준 순간
지난 계절을 앓았던 품을 열어 준 순간
형용사와 부사의 배열이 바빠지기 시작했다

울진, 거칠고 광대한 그곳에서
문장의 태동을 느꼈다

앤 셜리

 나의 첫 번째 그는 파란 츄리닝 차림이었어 그 위에 파란 하늘을 휘장처럼 두르고 나타났어 나도 파릇파릇한 시절이어서 그와 함께 하늘로 날아올랐지 언제나 처음은 짜릿하지 손끝에서 발끝까지 흥분의 도가니였어 두려웠고 서툴렀기에 온전히 그를 믿었어 하지만 그는 그리 오래 머물러주지 않았어 격렬했던 첫 이별을 나는 결코 잊지 못할 거야
 나의 두 번째 그는 흰 작업복을 입고 왔어 나는 사실 선택의 여지가 없었어 더 이상 파릇하지 않았고 그저 치열하고 남루할 때였거든 그는 함께 동동거려 주었고 그것으로 충분했어 밀당조차 사치였지 그도 내가 처음이 아니었지만 우리는 서로의 과거는 묻지 않았지 그와 함께 한 몸이 되어 달렸어 눈 속에서 격렬하게 나눈 키스를 절대 잊지 못할 거야
 세 번째 그도 역시 흰 옷을 입고 있었어 흰 셔츠를 입은 그와 좁은 골목을 함께 누비며 미래를 꿈꾸었어 아직 갈 길이 너무나 멀었기에 서둘렀고 부주의한 나머지 그를 많이 다치게 했지 나는 무척 고마웠

지만 쓸쓸한 최후를 함께 해주지는 못했어

　네 번째 그를 만났을 때 나는 그의 파란색 정장에 매료됐어 어쩌면 스무살에 만났던 첫 번째 그를 잊지 못했던 건 아닐까 이젠 내 나이도 무거워져서 파란 하늘을 날 수는 없었지만 두려움은 없었어 나는 교만했고 느긋해지려는 그를 닦달했지 예상치 못했던 이별은 첫 번째의 이별처럼 처참했어 죽음의 신이 물소처럼 달려와 들이받았지 그는 몸이 부서지는 마지막 순간까지 나를 지켜줬어 그의 장렬한 죽음을 나는 한동안 애도했어

　회색빛 갑옷을 입은 당당한 다섯 번째 그는 내 마음을 순식간에 빼앗아 갔어 건장한 어깨와 단단한 근육들이 어떤 물소가 받아도 지켜줄 것 같았거든 나는 처음으로 그의 이름을 불렀어 우리는 여전히 달리지만 신중하지 서로에게 온전히 집중해

　그와 함께 오래 달릴 거야 서툴지도 급하지도 않게 요령있는 느긋함으로

　빨간 머리를 쫑쫑 땋아 내리고 힘차게 스타트 버

틈을 눌러 그를 깨우지
굿모닝, 길버트 브라이트 5세 오늘도 갈 길이 멀어

마침내

오랫동안
내 사랑의 이름은 자주 바뀌었다
친구를 사랑해
오빠를 사랑해
아이를 사랑해
사랑하는 동안엔 사랑인 줄 모르는 어리석음이 나를 비켜 갈 리 없고
사랑받는 동안엔 사랑인 줄 모르는 오만이 그들을 선동하여 각자의 이름을 찾아 떠나면, 매정한 이들을 그리워하거나 원망하는 것으로 빈자리의 쓸쓸을 견디었다

가끔 꽃바람이 부추겨 누군가의 이름이 되기 위해 팔랑이기도 하였다
자주 원인을 분명히 아는 우울의 늪에서 허우적대기도 하였다
늪의 점성이 점점 찐득해지다가 마침내 석고가 마르듯 단단해지면 나는 화석처럼 굳어 사랑의 난파를

기록했다

  가시지 않는 허기로 부랑하던 날들
  문득 유기견처럼 남루하고 초라한 이름 앞에서 걸음을 멈추었다
  쭈볏 내민 내 손을 덥석 잡은
  낯이 익은, 낯선 이름을 위해
  먼지가 내려앉은 자리를 닦고 온돌을 놓고 레이스 커튼을 달았다
  마침내 주워온 허름한 이름 하나

  나는
  나를 사랑해

상(床)

  장독대 위에 물 한 대접 떠 놓고 여자가 기도를 올려
  비나이다, 비나이다 천지신명께 비나이다
  여자의 기도를 얹고 섰던 개다리소반이 함께 무릎을 꿇었지
  천지신명은 건강한 아가의 울음소리로 답을 대신했어
  여자가 어미가 되는 순간이야
  어미가 아가를 품에 안고 따끈한 미역국 밥상을 받았어
  미역국에 밥 한 그릇 말아먹으면 젖이 돌고 팔뚝에 힘이 올라 아가를 포옥 안고 젖을 물릴 수 있었지

  아가는 무럭무럭 자랐어
  아가의 시간은 어른과 달라서 시간이 자라는 게 보인단다
  무럭무럭이 한 바퀴를 돌면 아가 앞에 돌상이 차려져
  토실하게 살이 오른 작은 손이 돌상에서 붓 하나

를 잡았지
  태산이라도 집어 올린 양 천지가 흔들려

  어미가 차려주는 밥을 먹고 아가는 부지런히 키를 키우고 뼈를 세우고 인사하는 법을 배워
  해마다 한 번씩 생일상을 받을 때마다 아가는 저 혼자 자란 양 으쓱해지지
  아가 입속에 밥 들어가는 것만큼 오진 것이 또 있으랴
  삼시세끼 밥상을 그득하게 차려내는 동안
  정작 어미 밥그릇은 아무 데나 걸터앉기 일쑤였지

  머리통이 여물어지면 아가는 어미 말을 한 귀로 흘려듣는 법부터 배워
  밥상 앞에 앉지 않는 걸로 어미를 애태우는 법도 터득하지
  어미의 품은 좁아지는데 아가의 어깨는 자꾸자꾸 넓어져 어미 허리가 휘는 만큼 아가의 허리는 굵어져

아가가 다른 아가와 다정히 손을 잡고 왔어
이제 둘이 따로 밥상을 차려 먹겠대 어쩌나, 어미 눈에는 아직 아가 인걸
어미는 눈물로 지은 밥을 먹여 떠나보내지

이제 어미는 더 이상 밥상을 차리지 않아
평생 다른 사람을 위한 밥상만 차리느라 정작 자신을 위한 밥상 차리는 법을 잊어버렸어
하지만 어른인 척하는 아가가 더 작은 아가들을 업고 오면 어미는 벌떡 일어나서 떡 벌어진 상을 차리지 12첩 반상쯤이야 눈 깜짝할 사이지
아가는 아직도 자꾸 넘어져 딱지 앉은 상처투성이 무릎을 끌고 이따금 엄마를 찾아와 그럴 때마다 어미는 얼른 밥상을 차리지
어미의 밥상은 한 숟가락만 떠먹어도 무릎의 딱지는 금세 사라지게 만들지

어미의 시간은 아가의 시간과는 달라서 흐르는 게

아니라 빠져나가지
　아가는 자기 시계만 보느라 어미의 시간을 보지 못해
　어미가 제사상의 영정사진으로 앉고 나면 그제야 화들짝 놀라지 어미가 없어져 이젠 아가 노릇을 할 수 없게 되어서야 비로소 어른이 되지

　진짜 어른이 되고 나면 진짜 그리움이 뭔지도 알게 되지
　아무리 배가 고파도 절대로 받을 수 없는 밥상이 있다는 걸 알게 되지
　사무치게 그리운 목소리 하나 갖게 되지
　넘어지고 배가 고플 때마다
　어디선가 들려오는
　목소리

　"아가, 밥은 먹고 다니냐"

의자위로 앉은 위로

ⓒ 윤미경, 2025
1판 1쇄 인쇄 2025년 6월 15일
1판 1쇄 발행 2025년 6월 20일

지은이 윤미경
발행인 반승수

펴낸곳 모해출판사
주 소 광주광역시 북구 첨단연신로 88, 616호(허드슨1041 지식산업센터)
등 록 제362-2019-000032호
전 화 062-573-6523
이메일 asjto6@naver.com

ISBN 979-11-6830-173-3 (03810)

*본 책은 저작권법에 의해 보호를 받는 저작물이므로 무단 전재와 복제를 금합니다.
*파본은 구매처에서 바꿔드립니다